Stefan Dietrich •

notnagelzart.
Gedichte zwischen Streicheln und Schmerz

Dietrich, Stefan:

notnagelzart. Gedichte zwischen Streicheln und Schmerz / Stefan Dietrich

Herstellung und Verlag:
BoD - Books on Demand, D-Norderstedt

ISBN:

Teil 1:

betonierte Strassenzüge

sandverfallen

geköpfte Scheuklappen

schauen verspielt

nicht rechts nicht links nicht nirgends

Menschenmasken verdreht nach dunkel

fliegen erdwärts

bleiben bitter im Irgendwo

wissen unheimlich genau

wohin und woher und wozu

und versinken lautlos

in Asche und Staub

Adam und Eva

hasten ziellos unbeschwert

schweissüberströmt

fürchten instinktiv

den stechenden Mond

sterbende Musikmelodien finden

keine offenen Ohren

im blühenden Fruchtgarten

verstummt die singende Amsel

vom wandelnden Gärtner

fehlt jede bleibende Spur

gelangweilt gähnt

die listige Schlange

Geier kreisen unentwegt

über dem Sieger Herkules

jeder hier ist sich

selbst der Held

vertraut ausschliesslich

den eignen Wegen

Trommeln schlagen dumpf

träge Winde wohin auch immer

schnelle Zungen flattern

ohne Namen davon

rezitieren rattern Nummern

lecken hemmungslos

am schnellen Glück

mächtige Türme

wachsen wuchtig

über den brodelnden Horizont

blasse Wolken

fesch umgebaut

zu dröhnenden Donnerschlägen

Mose streckt zitternd

seinen staubigen Stab

himmelwärts

doch wozu

verändern

die wurmstichige Wüste

so zahm gewalzt

das Matterhorn zieht um
online verkauft
an «Unbekannt»
eine angemessene Anpassung
an bestehende Bedürfnisse
kugelförmiges harmonisches Wohlsein
beschauliche Weite soll werden
die Zeit erschrickt
hält sich handlos
am schwankenden Mast
um fünf vor zwölf
wird die letzte Lawine
zur geschützten Art erklärt

in knirschenden Kirchenbänken
sitzen stumme Gummibärchen

und leuchten farbenfröhlich
die treuen Glockentöne
sind ausgewandert worden
Richtung Vergangenheit
emsige Spezialisten
suchen eifrig
Steine und finden
schwarze Schiffswracks
im Zeitspar-Schnellimbiss
und ein Kind leuchtet hell
ohne Stern

ein tuckernder Gassenhauer
jagt einen lahmen Greis
und lacht dazu lallend
geknickte Wachtürme
werden von rechts überholt
von schlauen Schnecken

als unvermutet ein

geküsster Frosch

sein warmes Bier verschüttet

es schreit aus der Erde herauf

wie vergossenes Blut

vergessen im blauen

dichten Seelendunst

Robin Hood

raucht die Friedenspfeife

hinter hohen Schlossmauern

sein treues Pferd hat

die Rente verdient

mutige Taten werden

kräftig durchgeschüttelt

von kleinen, einhändigen Riesen

Sherwood Forest

ist erholsam gezähmter Nutzwald

Pfeil und Bogen
liegen lustlos zerbrochen
auf der wippenden Veranda

Dornröschen
walzt johlend die Hecke nieder
und verschenkt
grummelnd Rosen
die hinterblieb'nen Zwerge
sitzen beim letzten Mahl
und essen knackige Äpfel
aus eigenem Anbau
was sollte der Prinz
schon nützen
der im vertrockneten Brunnen
unentwegt taucht
nach Träumen aus Gold

Winnetous

treuster Begleiter

ist der Western-Telefonrufton

Silberbüchse knattert

schallgedämpft in Disneyland

Old Shatterhand

lebt in schnatternden Flughafenterminals

hastet von Stadt XY

zur x-ten Stadt YX

findet im Gewirr keine

Freunde mehr

für das Leben

danach

in der Villa

Kunterbunt

hausen Haie und Hamster

Pipis Abziehbild

klebt leblos
am quietschenden Gartentor
Anika und Tommi
hören am Hafen
den dröhnenden Schiffen zu
die nicht mehr
heimkommen wollen
sehen Kinderaugen
die keine mehr sind

Ronjas Burg im Düsterwald
ist unbewohnt
die Rumpelwichte
sind geflohen
als ob es nur noch gäbe
was ist
zwischen fallenden Blättern
keckert müde

eine weise Eule

es stirbt ein Lied

rauschend

in machtlosen

Wipfeln Flüssen und Höhlen

die vier Freunde

halten Kontakt

via soziales Netzwerk

posten gehetzt davon

dass alles läuft

das Abenteuer

schläft versteckt

in den grauen Seelen

wozu einen wedelnden Hund

er bindet

nur unliebsam fest

blecherne Weltentdecker

hinter Elektrohirnen

göttlich ist
wer unschlagbar
im gewitzten Quiz
Wickies Ideenblitze
zu spontan
für eine trudelnde Welt
die selbst keucht und kriselt
und nicht recht weiss
was man sollte
könnte
und andererseits
vielleicht
wie weiter

Winnie Puuh
besucht mit I-Aah

eine Selbsthilfegruppe

Ferkel springt

unentwegt Fallschirm

hat Adventure-Fans

die ihn liken

Rabbit und Christopher

sind ausgewandert

aus dem Heimatwald

in die Südsee

auf Einladung von Tigger

sich zu finden

Michels Wochenplan

ist gut gefüllt

brachliegende

Talente gehören

zum alten Eisen

für Streit und Versöhnung

bleibt keine Zeit mehr

Alfred bildet

sich stetig weiter

Krankheiten

diagnostiziert er im Stromsparmodus

meist selbst

im weltweiten Netz

Mose führt

das Volk stressfrei

durch die weite Wüste

GPS sei Dank

niemand murrt

oder mault unmotiviert

keine Wunder kein Gott von Nöten

alles durchgeplant

um die staubige Laune

zu verbessern

überholt röhrend im
eleganten Sportwagen
Moses Frau Zipora

der Hirte David
hat seine sirrende Schleuder
Goliath geschenkt
mit Speck fängt
man Mäuse
der tote Krieg
ist nicht wahr
alles entscheidet
sich im Kopf
überhaupt:
Gewalt gehört
nicht hierhin
nur in die Realität

fest verschlossen
die unbeseelte Lampe
ihr Geist irrt
erblindet umher
Aladin flickt
mechanisch Teppiche
die niemand will
singt unentwegt Lieder
die keiner hört
erzählt ferne Geschichten
die lautlos verschwinden
in den Fluten
zerbrochener Bilder

Graf Dracula
meditiert maulend
beim Angeln im Boot
die schwimmenden Fische

grüssen wie aus
anderen Sphären
entfachen neu
den alten Traum
zu werden
wie ein Mensch
die Nacht glüht
endgültig enträtselt
im herzlosen Neonlicht

Noah tanzt
im zahmen Regen
und besucht zwischendurch
bereits oder bald ausgestorbene
Tiere im nahen Zoo
die schützende Arche
modert verwelkt vor sich hin
beim Kinderspielplatz

unter dem zerfledderten Regenbogen
aus quietschendem Holz
ein Vater weint
am Boden hinter der Schaukel
allein auf dem einsamen Berg

nüchtern bettelt
ein alter zahnloser Pirat
an der lärmigen Autobahn
Tapferkeit ist
der letzte Steg
im Geschwindigkeitsrausch
Möwen kreisen stumm
vorbei am
einsamen Leuchtturmlicht
Touristen tauchen tief
nach versunkenen Welten
und schenken

sich selbst

den neuen Tag

heiser johlend

baut der Ritter ohne Ross

aus seiner Lanze

mit Geschick Stelzen

als vorgeschriebene Weiterbildung

zum Boomerang umfunktioniert

wird das Visier

federleicht muss sie sein

die Rüstung von heute

auf ihr hat Lionel Messi

sich unleserlich verewigt

so erfüllt war's

Ritterleben noch nie

kein unerwartetes Paket

bringt junges Leben
nach Lummerland
- entvölkert die Insel -
das entlegene Fleckchen Erde
für Postschiffe nicht
rentabel genug
allein der Scheinriese
winkt hinein
in azurblaue Himmel
fahle Feuer
im gepflügten Drachenland
rauchen rücksichtsvoll hinter Glas

der paffende Weihnachtsmann
rudert schwitzend
auf letztem Eis
die Rentiere fliegen
für Coca Cola

Kinder geniessen
das Fest der Geburt
verfrüht am Ostertag
getreue Wunscherfüllung
ist erste Pflicht
der Hahn rostet
im Altmetallberg
hinter der letzten Tanne

im Steuerparadies
lebt Krösus Dagobert
die drei Neffen
streiten ums Erbe
halten brav Händchen
auf roten Teppichen
für Blitzlichtgewitter
und hohle Phrasen
hören das Echo

im goldenen Löffel

Abenteuerreisen

werden delegiert

an arme Onkel

Odysseus verschachert

antike Immobilien

sonnt sich stolz

im eignen Yachthafen

sein Haus gleicht

einem stilisierten Pferdekopf

aus edlem Marmor

der Gaul bleckt

lustig die Zähne

wenn aber nötig

macht er

die letzte Grenze

definitiv dicht

Pinocchio kriecht.

wurmstichig

nicht nur

die nackte Nase

die ungelogen

kurz bleibt

bei jeder Lüge

das freche Püppchen

kauert wie leblos

in einer Ecke

und lernt

verbissen Klavier

ohne Vater

Mogli und Balu

sind ausgewandert

aus Feuerwald

es fehlt der böse Tiger
der Menschen misstraut
keine herrschenden Bäume
es stinkt
nach gähnender Leere
gebaut aus
verfaultem Verfall
verstummt der Männerchor
der flatternden Geier
im Lärm der Motoren

der gestiefelte Kater
managt gewitzt
seine Modelinie
längst ist er
sein eigener Herr
der Abend säuselt
süsse Melodien

von Zeiten
die nicht mehr kommen
und nicht mehr sind
die Sekunde baut
für sich selbst
ein Nest für immer

Tom Sawyer irrt
durch hastige Städte
sucht hinkend
nach listigen Streichen
in endlosen Shopping Malls
sieht Tauben im Glastempel
die den Himmel verloren
unter einer Brücke
flimmert ein Traum
vom faulen Hut
glücklich schlafend

im alten Fass
am breiten Strom

anverwandt
anerkannt
Meinungen werden
geboren
im Eintagsfliegentakt
hineingegrätscht
in die Fantasie
dunkelgelb
für Bastians Welt
nörgelnd
und johlend
ohne Wiederhall

das fliegende Boot
geht ins Netz

strampelt

würgt

Froschzungen

goldene Bälle

schiessen himmelwärts

der hundertachte Linienflug

nach Schlummerland

zerreisst

die Stille

hinter der

dornlosen Hecke

Wassermänner

werden umgesiedelt

die brabbelnden Fische

gehen voraus

schweissgebadet

lassen zurück

was einmal war

Marienkäfern wird

das Glück genommen

der Angst

wachsen Flügel

am summenden Fliessband

Urmel aus dem Eis

sitzt am Meer

schickt Rauchzeichen

der Seelefant

wegrationiert wie viele Künstler

Liedermacher

sind teuer im Unterhalt

der Pinguin

lernt das Fliegen

ohne Erfolg

der Glaube erloschen

um Worte zu sagen
wie ein Mensch

Teil 2:

jauchzet frohlocket

in allem dunklen Dreck

in allem Bangen Biegen Brechen

im Verbogenen Verklemmten

im Abgründigen Verkanteten

im Verwehrten Verblassenden

lebet jubelnd auf

mit den Tauben des Friedens

mit den himmlischen Himmeln

in den tagtäglichen tastenden Tiefen

in den heilenden Harmonien

in allem was fliesst funkelt vibriert

in allem was hält humpelt und flieht

ein Haar gezählt im Sand

eine Burg verfallen im Glück

ein Auge gebrochen von Hoffnung

eine Halle verstopft von Träumen
eine Strasse zerborsten an Stille
ein Brand erloschen im Frieden
eine Mauer zerbröckelt am Wort
ein Gefängnis geöffnet im Tanz
eine Suppe versalzen mit Brot
nur Einer getragen von Herzen
Schmerzen entwaffnet von Kindern
das Ende verbunden im Anfang
das Schwarz bunt gemischt im Weiss

wo ist das Wasser wo schimmert der Wein
wo spriesst die Rebe wo wurzelt der Stock
warum fliegt der Vogel, verlassen das Nest
wer löst das Rinnsal beseelt aus dem Fels
wer spricht ein Wort gefüllt mit Feuer
wer singt den Ton getragen von Sehnsucht
wo ist der Held gehalten von Erde

wo ist Gott gekommen als Mensch

wo ist das Blut gerufen ins Leben

wo ist das Nein beflügelt vom Ja

wann küsst der Zweifel wild das Vertrauen

wann spricht der Mund umarmt durch das Ohr

wohin führt die Zukunft gefesselt im Jetzt

ist Lachen verdächtig

macht Hoffnung mächtig

verpönt scheint das Klagen

schwer liegt's im Magen

erschrocken im Frohsinn

gebeugt hängt das Kinn

Augen gebrochen

Roboter kochen

Stadt ohne Seelen

wozu noch krakeelen

vertrocknet die Sümpfe
verstossen die Strümpfe
o Nymphe, zeig' deine Trümpfe

lasst erklingen den Blues
der Rhythmus des Lebens erwache
in allem was liebe und lache
lass stampfen die Herzen
über Wonne und Schmerzen
verein sie zu Klängen
ohne Mühsal und Zwängen
entlocke das Schöne
den Verlass'nen entlöhne
füg' Verlor'nes zusammen
lass Neues anfangen
im Lachen und Weinen
gehalten vom EINEN

gekrochen zu Kreuze
Last auf dem Rücken
lästige Mücken
die Ampel auf rot
die Sonne ist tot
lächelnde Lippen
Seerosen ersticken
das Glas in der Hand
von hinten überrannt
das Leben versteckt
im Computer entdeckt
Sprung aus der Höhe
für Flausen und Flöhe

das Schiff kommt an Land
seit ewig bekannt
es tanzen die Sterne
von nahe und ferne

es ächzen die Seile
doch es hält eine Weile
parkt ruhig auf den Wellen
überlistet Stromschnellen
wäscht allen die Füsse
barmherzige Grüsse
jetzt wieder reisen
auf alte Weisen
in neuen Gleisen

der Abschied tut weh
gelb stinkt der Schnee
doch im Kosmos ein Sirren
ein heiseres Klirren
dort keimt es auf
hinter Gittern und Gattern
ein Rattern und Schnattern
treu bleibt es stehen

in allem Winden und Wehen

es hämmert das Blut

der Himmel es trug

in allem Werben und Weichen

vom ewig Gleichen

Teil 3:

ich bin es nicht

nicht für die Wünsche der andern

von Husum bis Flandern

ich bin es nicht

wie im Schachspiel gesetzt

als Spiegel geschätzt

ich bin es nicht

oft nur für mich

nur aus Verdruss

erst wenn ich muss

ich wähnte mich mein

nur Trugschluss nur Schein

ich zu sein

wie fühlt sich das an

ohne dich

was bin ich

wenn nicht mit dir
wie fühlt sich das an
der Mann im Mond
ohne Licht
nicht möglich
wie fühlt sich das an
ein Lächeln ins Leere
ein Schritt ohne Fuss
eine Hand
die nichts hält ohne dich

hilf mir in meiner Schwäche
wenn nichts mehr in mir dächte
wenn nichts mehr in mir träumte
wenn nichts mehr in mir lachte
wenn mein Auge nicht mehr wachte
hilf mir in meiner Schwäche
wenn ich im Alter zittre

wenn ich einmal verbittre
wenn ich es nicht mehr schaffe
zu heben die Karaffe
hilf mir in meiner Schwäche
hilf mir zu tausend Geigen
auf immergrüne Weiden

was muss ich's auch versuchen
es ist ja doch irrwitzig
nicht effektiv nicht spritzig
lass es doch besser bleiben
was muss ich's auch versuchen
aufbrechen schauen suchen
ich könnt' mich doch verkriechen
ins warme Nest mich hieven
was muss ich's auch versuchen
lässt sich nur schwer vermuten
es wendet sich zum Guten

es spriesst kraftvoll hervor
öffnet ein schweres Tor

es war schmerzlos
der Tanz in die Ferne
das Erhaschen von Wärme
es war schmerzlos – so sagt man
in allen Winkeln und Ecken
ist Glück zu entdecken
in Höhen und Tiefen
sie stets weiterliefen
es war schmerzlos
der Fall von der Mauer
der Schuss in den Ofen
das Vergessen von Strophen
es war schmerzlos – sagen sie

Traumgesichter suchen heim

schütteln an Bäumen
schwingen an Ketten
stampfen in Hallen
Traumgesichter suchen heim
Geheimes entdecken
Offenbares verstecken
an Vergessenem schlecken
Traumgesichter suchen heim
nächtliches Wiederkäuen
das Bereute vertäuen
von ferne lachen schreien am Strand
Seele Wahnsinn und ein wenig Verstand

Wannen voll von Regen
Wasser nährt Ruinen
Wasser kühlt die Striemen
Wasser netzt den Schmerz
in mir erstarkt das Herz

Wannen voll von Regen
Tropfen auf den Adern
weggespült das Hadern
Tropfen in den Lungen
das Gute wird besungen
Wannen voll von Regen
trifft auch was entlegen
lässt den Mut aufleben

wer heilt den Flügel
wenn Lanzen fliegen
wenn Stürme siegen
wenn Türme brechen
wer heilt den Flügel
wenn Stille schreit
wenn Wille bricht
wenn Liebe sticht
wer heilt den Flügel

wo Wasser brennen
wo Schnecken rennen
wer hält den Zügel
wer heilt den Flügel

Pforten von Eden
geöffnet einen Spalt
schliesst sich wohl bald
hier ist es kalt
Pforten von Eden
mit Erwartung erfüllt
Geheimnis enthüllt
Sehnsucht zugemüllt
Pforten von Eden
ein inneres Beben
womöglich in jedem
aufblühendes Leben
Pforten von Eden

Schattengetümmel
Vogelscheuchenalarm
Geiergelümmel
in Gedankenwellen
Schattengetümmel
wo das Morgenrot fällt
wo das Dunkel erhellt
Lichtpunktgewimmel
Schattengetümmel
Geborgenheitsast
Farbenspielhast
die Jagd lädt zur Rast
im Schattengetümmel

Himmelssprünge
nach unten gewagt
in die Tiefe gesagt

von der Nähe getragen

mit Sanftmut geschlagen

Himmelssprünge

seitenverdreht

s' ist nie zu spät

von Wurzeln gehalten

in allen Spitzen und Spalten

Himmelssprünge

den Horizont geküsst

und Gipfel gegrüsst

weggeblasen

fast entschwunden

frei und ungebunden

ganz ohne Verwalten

keine Zeit gestalten

weggeblasen

nah leuchten Auen

entschärft alle Klauen
Wolken Asche Nasen
weggeblasen
an des Weges Ende
im Liebreiz der Strände
weggeblasen

Lichterquellen
wallend in Wellen
Dunkles erhellen
wie auch im Schwitzen
in kleinsten Ritzen
Lichterquellen
das Auge raucht
das Herz gestaucht
doch in den Netzen
trotz Messerwetzen
Lichterquellen

für Riese und Wicht

Quellen von Licht

Ballastbündel

seelenverkorkt

Beschwernis entsorgt

rattert geschmiert

nichts enerviert

Ballastbündel

Müdigkeit ausgegrenzt

Tanz mit dem Schlossgespenst

Ballastbündel

Stunden des Jubels

in der Mitte des Rudels

Ballastbündel zwar

jedoch heiter und klar

fallende Himmel

hinein ins Getümmel

ins Leben mit Macht

Neues erschafft

fallende Himmel

irdisches Gewimmel

Wolken auf Wegen

nichts mehr entlegen

fallende Himmel

Hoffnungsanfänge

wenn Leben gelänge

rastende Schimmel

fallende Himmel

Teil 4:

Hunderte Hände

haben sich verschworen

neues Leben geboren

hoch im Norden

Mut ist geworden

Hunderte Hände

erklimmen Wände

schotterleicht

auf Hoffnung geeicht

bald erreicht

himmlische Wende

Hunderte Hände

Himmelsspuren

rauschen im Regen

schenken Segen

dort keimt es auf

nimmt nichts in Kauf
Himmelsspuren
Spatzengetümmel
Wurzelgewimmel
schleichende Uhren
Himmelsspuren
Ankergelächter
ein Glimmen nur
Himmelsspur

halt mich fest
in jedem Test
sei mein Floss
arm und bloss
halt mich fest
unter der Brücke
nur kleine Stücke
erleuchte den Rest

halt mich fest
tief im Dunkel
humpelt Gefunkel
baust mir ein Nest
hältst mich fest

Rabenerde
vergehe und werde
mach klein und gross
versetzt einen Stoss
Rabenerde
wurzelst den Letzten
die Überholten Verletzten
nährst jede Herde
Rabenerde
kalt und klamm
bist wie ein Stamm
öffnest den Raum

erdest den Traum

flüsternde Tränen
zwischen Schweinen und Schwänen
nichts zu erwähnen
schreiende Tränen
im Naschen und Grämen
ist viel zu teuer
bockiges Ungeheuer
auf federnden Spänen
lachende Tränen
Spagat zwischen Winden
Stürme verschwinden
flinke Moränen
versiegende Tränen

Narkose im Herz
streichelnder Schmerz

Wiegen und Weichen

im ewig Gleichen

Narkose im Herz

Gefühle im Brunnen

Psalmen erklungen

hinkt himmelwärts

Narkose im Herz

kranke Kakteen

Stacheln verwehen

wattiges Erz

Narkose im Herz

offenes Fenster

reale Gespenster

erwachendes Grün

Rücken erblüh'n

offenes Fenster

atmende Luft

lieblicher Duft

erstarkte Haarspitze

neblige Witze

offene Fenster

erst Zweiunddreissigster

Zahlen verdampfen

Zahnräder stampfen

flackernde Kerzen

starr stumpf erbleicht

auf Durchzug geeicht

durch nichts zu erschüttern

getragen von Müttern

flackernde Kerzen

auf Bergen und Balken

Licht wird gehalten

Löwe und Wurm

leuchten im Sturm

flackernde Kerzen

im Lebensgezitter

Lichtgewitter

Teil 5:

schlammverkrustet

mit Fesseln gepustet

höhlengewärmt

von Löwen umschwärmt

teppichgedämpft

kreuzabgekämpft

luftschlossgeliebt

den Abschied versiebt

nackengestützt

steinig nichts nützt

mutgefesselt

angstbefreit

machtloses Leid

Friedensschmerz

Seelen im März

wipfelerrettet

auf Disteln gebettet

sturmgepeitscht

Gemüter beheizt

lichtverdunkelt

in Feuer geschunkelt

fragenerprobt

Visionen ausgetobt

Notnagel gerissen

weisse Fahne hissen

Ballast über Bord geschmissen

nagende Nähe

bellende Krähe

Luft angehalten

umarmt im Alten

geborgenheitstal

am Marterpfahl

mit Geiern getrunken

im Glück versunken

wortlose Sätze

verfaulende Netze

Not-Ton verstummt

Vertrauen vermummt

Seele ist wund

Stillstandbewegung

Sackgassengeleise

Hoffnungsschneise

glücküberflutet

du bist nur vermutet

hängebrückenentsetzt

in die Kindheit versetzt

ob warm oder kalt

der Morgen kommt bald

Sonnengestirn

verdrossen das Hirn

halbleere Wannen

einsame Tannen

der Tod rennt von dannen

auf alte Weise

Junge und Greise

kommen zusammen

können anfangen

bauen den Turm

für Wiesel und Wurm

ob leicht oder schwer

jeder ist wer

Bild und Spiegel

gebrochen das Siegel

ganz ohne Hast

verschwunden die Last

alle sind Gast

flussvergessen

Wunderwald

Dämm'rung krallt

keine Form

ohne Norm

flussvergessen

narbenfahl

Rost am Pfahl

bin beim Essen

flussvergessen

unvermessen

bunt verstockt

Strahl entlockt

handgehalten

ankerstark

leiterwärts

mundverwundet

Kopf umrundet

die Herzen schallten

handgehalten

Nordlichtfeuer

kein Ungeheuer

luftdurchflutet

den Schritt zugemutet

das Glück verwalten

handgehalten

flussgestreichelt

Verband verflogen

um die Kurve gezogen

dem Gestern entronnen

mich selbst gewonnen

flussgestreichelt

Weizenmeere

Blätterheere

menschentleert

weltverkehrt

fussgestreichelt

Hand gefunden

Lebensstunden

leiternah

bei Wolkenwegen

Himmelsregen

Sprung gewagt

mutverzagt

leiternah

an Haltegriffen

in Ohnmachtsriffen

rau geschliffen

leiternah

wutbefriedet

Wand bezwungen

Zukunft besungen

Holzgedanken
Bretterwanken
grenzgeöffnet
lenzgelüftet
Holzgedanken
Idee gelichtet
Traum gesichtet
Palmzweigrufen
letzte Stufen
Holzgedanken
ohne Schranken
erderprobt
dich gelobt

Samenwirbel
Haargezwirbel

lustgetauft

Herz gerauft

Samenflug

fort mich trug

Höhenseufzen

Venenpause

Ruf nach Hause

Wurzeltrick

die Welt im Blick

nesterprobt

Stille tobt

lastenleicht

graberbleicht

nicht nah nicht fern

Hoffnungsstern

ungebunden

Erdenstunden

lastenleicht
auf Leben geeicht
rotstiftzart
erste Art
sanft und zart
nichts dir gleicht
lastenleicht

Friedenstauben
in den Lauben
Märchenglauben
Flügel verstauben
Friedenstauben
tief geflogen
in den Dreck gezogen
Erdensegen
Himmelsregen
Friedenstauben

verlor'ne Trauben

Federpracht

Wolkenmacht

wer ruft aus dem Schrank

wer sitzt auf der Bank

wo ist Eden

wer gibt das Leben

wer ruft aus dem Schrank

wie schön ist Gestank

wie weit ist das Nichts

wer zähmt den Blitz

wo badet der See

wer wärmt das Reh

wer ruft aus dem Schrank

wer ist nicht krank

wer füllt den Tank

wachgerüttelt

durchgeschüttelt

aus den Federn gerissen

ins Leben geschmissen

wachgerüttelt

buchbelesen

mutgenesen

Dunkelleuchten

sei bei den Verscheuchten

wachgerüttelt

Labyrinth bewohnt

das Feuer gewärmt

für die Erde geschwärmt

mutverzagt

wutverdrossen

Angst erschossen

Lachen lernen

Gefühle wärmen

mutverzagt

Wahrheit gesagt

Last geleert

unversehrt

Sprung gewagt

mutverzagt

Hast gestillt

mit deinem Bild

Teil 6

lockender Apfelbaum am See

wann immer schwankend ich steh'

Nebelbänke um dich seh'

versteckt frisst fleissig der Wurm

da hilft keine Mauer kein Sturm

der süsse Zukunftskern bleibt

zieht weiter durchs Morgen

vergrault die wabernden Sorgen

eisenhart der Apfelbaum am See

weit leuchtet der glückliche Klee

mich zieht's in unendliche Fernen

hingeträumt zu glitzernden Sternen

beim winkenden Apfelbaum am See

leise grummelt der Fluss

eine Wolke schüttelt den Wind

am Ufer weint leise ein Kind

die Mutter wiegt es im Arm
der Strom trocknet es warm
leise grummelt der Fluss
Bewegung ohne ein Muss
die Wasser überwinden die Ecke
als ob sich das Glück nur verstecke
von ferne die Geräusche der Stadt
ihr Sog nur müde und matt
liebende versäumen den Kuss
leise grummelt der Fluss

Schlangen halten still
das Ohr hört was es will
ein Zebra atmet erlöst
die Schnecken wirken nervös
Schlangen halten still
ganz vorne steht das Gefühl
tastet sich durch das Gewühl

Nasen schnuppern das Neue
auf dass Verzagtheit sich freue
Zeichen stehen auf Gehen
willkommen im grossen Verwehen
herüber duftet der Grill
Schlangen halten schnell still

Rumpellöcher im Tee
Räder gleiten geschmeidig
der Bauch tut wieder beleidigt
Wegweiser zeigen zur Sonne
Fallen ist keine Wonne
Rumpellöcher im Tee
unter dem Mut knirscht der Schnee
die Welt verliert ihren Hall
das Datum steht auf Verfall
Rumpellöcher im Tee
ausgewandert der See

aufs Testament ist Verlass
der Regen ist nicht einmal nass

Hände gefroren aus Eis
der Wächter flieht aus dem Turm
in meinen Ohren läutet es Sturm
aus der Stille schreit der Verweis
Hände gefroren aus Eis
Visionen leuchten real
die Raupe frisst das erste Regal
die bunteste Farbe ist weiss
Hände gefroren aus Eis
der Lautsprecher schaltet auf stumm
das Gerade träumt sich krumm
Touristen auf Bergen von Mais
Hände gefroren aus Eis

Gesichter geschnitzt aus Papier

durch den Abend kämpft sich das Licht

das Wort ohne Stimme spricht

das Gras ist nicht von hier

Gesichter geschnitzt aus Papier

Füsse erklettern die Leiter

der Mond ist schon einen Schritt weiter

gefangen sind Teufel und Tier

Gesichter geschnitzt aus Papier

Fäden gesponnen aus Sehnsucht

die Sterne sind auf der Flucht

zählt bei uns wirklich das «Wir»

Gesichter geschnitzt aus Papier

Höhlen im Rückzug begriffen

Berge lassen sich schieben

demaskiert von den Dieben

das Lachen ist schon verpfiffen

Höhlen im Rückzug begriffen

eingezäunt lebt die Idee
der Eintritt tut nicht sehr weh
die Angst lächelt ergriffen
Höhlen im Rückzug begriffen
weil wir's können wird's kommen
die Zukunft sieht nur verschwommen
von den alten Zeiten gepfiffen
Höhlen im Rückzug begriffen

Himmel fallen von oben
Gesichter wenden sich ab
endgültig lächelt das Grab
gütige Engel toben
Himmel fallen von oben
Wasser meiden die Quellen
in der Luft ein heiseres Bellen
wofür ist das Ende zu loben
Himmel fallen von oben

Kinder kriechen auf Schiffen
die Erde leuchtet verblichen
sanft umschlungen die Antipoden
Himmel fallen von oben

verrusste Schritte nach vorn
bittersüss streichelt der Dorn
der Spass zieht am längeren Hebel
die Fessel befreit sich vom Knebel
leere Versprechen dem Korn
verrusste Schritte nach vorn
die Wahrheit spielt ewig Verstecken
der Nacken ist ganz zu bedecken
im Finstern tanzt einsam das Horn
verrusste Schritte von vorn
jetzt aber bitte: ab in die Mitte
die Angst ein echter Heisssporn
verrusste Schritte von vorn

der Anfang verschwimmt in der Ferne

der Winter bricht auf Richtung Wärme

das Ende traut sich ins Weiter

die Trübsal denkt einmal heiter

die Zeit, mein treuer Begleiter

im Frühling lächeln die Riesen

der Müll liegt apart in den Wiesen

es zieht und zwackt im Gedärme

der Anfang verschwimmt in der Ferne

Gedanken reiten Galopp

kein Halt kein Beistand kein Stopp

gen Himmel humpelt man gerne

der Anfang verschwimmt in der Ferne

Teil 7:

weit draussen

hier

nur du ich

wir

kein Rasseln

kein Rumpeln

kein Rauschen

kein Munkeln

nur Stille

nur wir

ich du

weit draussen

hier

da kommt

wer

von hinten

her

bist du es

bin's ich

sag mir

versprich

hilf mir

so sehr

zu sehen

wo kommt

wer

gleich

wie anders

dort

hinten

weich

einmal

rund um

den Teich

gleich

bleibt

mit Finten

dort hinten

der Teich

tiefe Wurzel

vom Baum

schlägt hastig

schelmisch Schaum

zieht mich

am Saum

kraftvoll

der Traum

stark

hält fest

den Traum

die Wurzel

tief vom Baum

lockende Rufe

auf Wellen

glitzern

wie Stromschnellen

zupfen

an Winden

wer soll

sie finden

das Echo

in Wellen

glitzert farbenfroh

aus Quellen

ebenso

die Welt

in der Tonne

rastet ohne Geld

mit Wonne

flattert und flirtet

beschwingt

gleich einem Kind

schielt charmant

auf die Sonne

die Welt

in der Tonne

ruht wohlig

mit Wonne

Fallen

aus Glück

zwicken und zwacken

streicheln

vor und zurück

kein Sacken

nach vorn

kein Nacken

gebeugt

nur Glück

in Fallen

streichelt

verbundenes Stück

bleich gestrahlt

gerannt

auf Rücken

Gestirne

gemalt

als Held

zu Hause

erklommen

die Welt

eingesogen
eingeschalt
das Wunder
bleich gestrahlt

launige Sekunden
heiraten Minuten
trinken vertraut
ein Bier
mit den Stunden
sie hoffen alle
auf die Zeit
und tatsächlich:
sie ist
nicht weit:
in den Sekunden
Minuten
und Stunden

wärmende Narbe

gemalt

in Seele und Herz

bunt erinnert

in Farbe

kuschelst

dich eng

an die Glut

küsst sanft

die Wehmut

starben

unter Federn

wärmende Narben

verirrter Kompass

im Wald

verlor blass

den Weg

schon bald

setzte wacker

Samen

tief

in den Acker

lachte sich nass

armer verirrter

Kompass

Tod

tanzt

sieht

Rot

kommt

ausgefranst

hat selbst

Not

ist nah

am Verfall

knabbert

trocknes Brot

der Tod

Nest

gebaut

aus Trost

offen für

ein Fest

auf Wärme

Gemeinschaft

gesetzt

waghalsige

Zuflucht

für den Rest

der verloren

sein Nest

leichtes Gewicht
im Herz
der Seele
strahlt
Zukunft
und Licht
Schulter
verspannt
betritt
festes Land
Insel
in Sicht
leichtes Gewicht

entschärfte Klinge
pochender Puls

geweckt

himmelwärts gereckt

die Sinne

Hasenfuss

fasst sich

ein Herz

bricht auf

dem Frieden

einen Gruss

mit jubelnder Stimme

entschärfte Klinge

Honig im Tank

Kraft

getarnt

mit Güte

und Dank

gewebtes Gold

das Fass

ohne Boden

mir hold

der Abgrund

in der Oase

versank

Honig im Tank

Teil 8 (Intermezzo 1):

es war einmal ein Riese

der traf auf einer Wiese

einen kleinen Zwerg

auf einem hohen Berg

oha, sprach da der Riese

was bist du denn so klein

willst du nicht grösser sein

der Zwerg aber blieb stumm

was ist denn der so dumm

zu fragen mich nach dem

was Augen sofort seh'n

er liess den Riesen stehen

das Leben zu bestehen

es war einmal nur keiner

probiert's zuerst als einer

formt sich zu einem Paar

wittert die Gefahr
denkt kurz an eine Gruppe
versalzt ihm seine Suppe
taucht unter in der Menge
spürt seelisch die Landenge
lässt laut die Korken knallen
verbündet sich mit allen
und lässt sie wieder fallen
jetzt ist er wieder einer
das ist doch mehr als keiner

es war einmal ein Hecht
der traf am Teich den Specht
was bist du so betrübt
fragt er, als er ihn sieht
ach weisst du, sprach der Hecht
ich mach nur, was ist recht
doch habe ich nur Pech

ist das denn nicht sehr frech
lass mich dir etwas raten
sprach da gewitzt der Specht
darfst nicht so viel erwarten
oft liegt das Glück im Kleinen
so bleibst mit dir im Reinen

es klagte einmal die Sonne
empfand gar keine Wonne
dass diese dunklen Wolken
nicht von ihr weichen wollten
sie strahlte nach allen Seiten
wollt' der Welt Glück bereiten
doch die Wolken blieben stur
Was wollten sie denn nur
da dachte sich der Sonnenstern
auch Wolken haben die Erde gern
denn ihr Wasser ist ein Segen
auch wenn sie mir nichts geben

erwecken sie das Leben

es war einmal ein Bär
der brummte mehrmals schwer
er wollte nicht gern ruh'n
hatt' doch so viel zu tun
ich könnt' ja was verpassen
der Winter ist entlassen
doch wurd' es immer kälter
das Jahr ein wenig älter
der Bär kroch in die Höhle
und knurrt in grosser Wöhle
hat alles nichts genützt
doch jetzt ist er geschützt
im Traum schnell ausgebüxt

es war einmal ein Schiff
das sah ein scharfes Riff
es fuhr darum herum

schliesslich ist's nicht dumm
bald ging es dann vor Anker
und wurde immer kranker
es sagte still bei sich
mir geht es fürchterlich
ich muss es nochmals wagen
ich bin nicht am Verzagen
und so machte das Schiff
mit einem neuen Kniff
die Fahrt rund um das Riff

es war einmal eine Brücke
hielt auf sich grosse Stücke
ich verbinde Berg und Berg
ich bin ein grosses Werk
doch dann sah sie die Wasser
die Brücke wurde nasser
die spritzten bis zu ihr
hinauf in ihr Revier

was für eine Kraft sie haben
daran kann ich mich laben
bau'n einen tiefen Graben
das Wasser macht sie leiser
und auch ein wenig weiser

Teil 9 (Intermezzo 2):

verbogene Gasse

Abenteuer

wenig teuer

ohne Klunker und Klasse

die Fülle

vom Lebenstanz

ganz allein

die leere Hülle

auf der Terrasse

Reisen

in weite Fernen

hinweg, verlasse

die verbogene Gasse

zerborstene Kette

liegt vor Anker

im Hafen

gesegnete Städte
lässt los
gibt Halt beim Ritt
auf dem Floss
aus Tiefen:
«ich rette»
Welt, wohlig warm
lauf, Herz
nimm mich am Arm
zerborstene Kette

rettender Ring
im Himmel gefragt
an Land angenagt
lebendiges Brot
über den Wassern
in dunklen Schatten
verdunstende Not

ergrünende Matten
schwankendes Boot
Zeiten im Lot
Verzicht auf Gewinn
sinkende Ratten
rettender Ring

Haschen nach Luft
in Stiel und Stumpf
betörender Duft
gerade gerückt
entvölkerte Gruft
im Wehen verschenkt
von Wundern entzückt
Rosen im Rumpf
ins Glück gelenkt
glühende Stunden
befriedeter Schuft

im Abseits gefunden

Haschen nach Luft

Teil 10:

alles auf Ende

nimm

meine Hände

halte sie gut

sammle mir

Mut

raste

und ruhe

in mir

lass mich

aufstehen

verscheuche

Kaiser und Krähen

es riecht

nach saftigem Leben

in allem

was duckt und kriecht

stöhnt und schnaubt

das wühlende Streben

ohn' alle Hast

hält sich human

am ewigen Ast

schaukelt und wogt

schlummert und tobt

als geladener Gast

beim irdischen Mast

flieg über

das Eis

junger Greis

erwärme

die Himmel

enteise

auf deine Weise

schwärme aus
benetze
Höhle und Haus
mit deinen Jahren
schaue zu allen
die mit dir fahren

umarme mich
warm und wattig
irdische Wolke
du dienst
jedem Volke
verankere
den Wechselwind
Heulen und Hasten
hau geschwind
auf die Tasten
mit deiner Watte

schick den Einheitsbrei
auf die Matte

hebe hervor
unterirdische Flüsse
nah an die Sonne
gib ihnen Licht
glitzernde Wonne
erhelle, leuchte
dem Leben
hast Mutter und Vater
gegeben
allem im Schatten
vom Beben
erwecke
die Satten und Matten

verloren am Ziel

bist gefunden

am Ende

der Apfel fiel

im Aufbruch durchstossen

der Anfang

der kippenden Wende

gehauen ins Moor

kommt neu

der Takt zur Ruhe

du, streu

einen Lichtstrahl

in löchrige Schuhe

fühle mich fremd

um die Achse gedreht

das Hemd nur

notdürftig zugenäht

die Kammern heulen

wacklig wurmstichig steht
der Mut auf Säulen
fitgetrimmt das Gemüt
doch das Feuer
schwächelt, verglüht
komm, bring mich zum Hafen
nimm die Ungeheuer
weck mich vom Schlafen

in der Kanne voll Meer
entwaffnet das Heer
es klopft an die Leiter
wird Glücksbereiter
rauscht auf der Haut
Stern leuchtet laut
Boot schwimmt zum Rand
der Weg ist bekannt
in der Kanne voll Meer

ist nichts mehr leer
der Grund ist nah
Angst hängt an der Rah
ich spür deine Hand

Teil 11:

Band

geknüpft

im Sand

weggehüpft

Frohsinn

erkannt

den Gewinn

verbannt

Brot

gefunden

Not

verschwunden

angebunden

die Rose

mault

die Wurzel

fault

die Jäger

sitzen

Kläger

schwitzen

das Echo

verhallt

das Banjo

lallt

Heimatwald

Gruft

entleert

Leben

verehrt

Reben

geköpft

Mut

geschröpft

Glut

unterkühlt

Wärme

unterspült

Schmerz gefühlt

Last

gehoben

Risse

verwoben

Bisse

geheilt

Mut

geteilt

Nut

geflickt

Hast

erstickt

Quelle erblickt

Liebe

verdrängt

Trübsal

verschenkt

Mühsal

vermummt

Herzen

verstummt

Kerzen

verdunkelt

Verschwörung

gemunkelt

vorwärts gehumpelt

Heer

gesichtet

Hoffnung

verpflichtet

Meer

gestohlen

Irrsinn

befohlen

Gewinn

verdoppelt

rückwärts

gehoppelt

Seele abgekoppelt

Vertrauen

gelernt

Liebe

geschwärmt

Diebe

verscheucht

Neid

entfleucht

Eid

enttarnt

Frieden

gewarnt

List umgarnt

Wogen

geglättet

auf den Himmel

gewettet

Gewimmel

verbunden

Gleichmut

überwunden

Wut

umzäunt

Hoffnung

geträumt

Illusion versäumt

Verstockung

aufgeweicht

Finsternis

aufgebleicht

Hindernis

durchbrochen

Leiter

hinaufgekrochen

Herzen

verbunden

Dich

gefunden

Geheimnis erkunden

Ziel

entglitten

Frieden

erstritten

von Dieben

beschenkt

Hinterhalt

ertränkt

Weihnachtswald

entdeckt

Licht

geweckt

Worte versteckt

Teil 12:

nur

ohne Anfang

gelingt das Ende

Was bringt die Wende

Der Anfang zuerst?

im nahen

Ende

wenn

Kronen fallen

kommt das Neue

bald das Alte bereue

dreht die Welt

ganz ohne

Krone

aber

nur weiter

auf der Leiter

Wo ist der Himmel

Oder kommt er

oben herab

selbst

nein

oder doch

Versuchen ein Ja

in jedem gepanzerten Nein

oder wird's klein

suchendes Ja

nein

dort
ganz nah
strömt Leben fort
verharre ich am Ort
doch fliesse davon
eines bleibt:
Du

Brandung
braust Sturm
klein der Mensch
im Winkel die Welt
Kraft ohne Held
Dort ist
hier

Fallhöhe

von Mauern

Frost Kälte überdauern

aufgefangen ganz tief unten

Tod ist überwunden

Stachel stumpf

übertrumpft

Herz

Sonne ergattert

im Wind geflattert

durch die Zeiten getragen

zum Ritter geschlagen

Wärme gegeben

Überleben

Rat

nicht eingeholt

Linie langgezogen

mit sich selbst verlobt

mit Welten verwoben

trocken geschwitzt

fortgeflitzt

kann

muss ich

Soll ich dürfen

Was darf ich können

Muss ich dürfen

Was kann

ich

Start

der Weg

wohin warum wie

dumpf pocht das Knie

Fels im Schuh

Ziel kommt

nah

ich

ohne mich

Aufbruch zu dir

«Ich» wird zum «Wir»

geborgen in dir

und endlich:

ich

Wort

laut gesagt

Seele leer geklagt

in der Stille versagt

Nacht bricht ein

schenkt Stille

mir

Gabel

sticht Messer

Messer schneidet Gabel

Löffel schlägt jedes Besteck

blutrot das Gedeck

Mahlzeit beginnt

Friedenskind

kämpfen

wozu streiten

Erde dreht weiter

braucht keine Wahrheitsstreiter

die Himmelsleiter schwankt

jemand hält

Dank

Frühling

Leben spriesst

Hoffnung keimt auf

Leben gewinnt den Lauf

Masken fort gewärmt

Sonne obenauf

neu

Hand

aus Frieden

das Dunkle gemieden

Tauben besteigen den Thron

Liebe ohne Unterlass

weggeliebt der

Hass

Wind

unsichtbares Wehen

grösser als das Sehen

belebt alles, was beklommen

gekommen zu erwecken

steh auf

lauf!

Meer

weit hinweg

Heer der Krebse

Sand geschliffen von Zeit

zwischen Ebbe & Flut

schäumendes Blut

frohgemut

Teil 13:

Leben schwankt

Seele krankt

Mut geflohen

Gemüter verrohen

Zaun geknickt

Ende erblickt

Boden flieht

Angst zieht

Mitte bricht

Sonne sticht

Anfang erwacht

Stunden gelacht

Leben entfacht

Leben lärmt

in Wogen gewärmt

Farbengefunkel

Seelengemunkel

auf Türmen gepocht

in Stürmen erprobt

mit Habichtsaugen

unter Dächern und Lauben

wachgerüttelt

lastgeschüttelt

Herzen verbunden

Klippen umrunden

in allen Winkeln und Wunden

Leben hinkt

lacht ungeschminkt

hat den Blues

letzter Gruss

in Kerker und Keller

dreht immer schneller

bremst ungeahnt

fühlt sich verplant
grätscht sanft dazwischen
tanzt auf den Tischen
steht still im Gedränge
meidet die Menge
heult hilflose Klänge

Leben liebt
Hass ausgesiebt
steht auf Licht
nimmt keinem die Sicht
den Platz an der Sonne
Glück aus der Tonne
hält dich im Arm
wohlig und warm
gibt gern von sich
heilt den Stich
die Seelenlast

schwingt sich gefasst
von Ast zu Ast

Leben weint
fühlt sich angeleint
versteht nicht die Welt
das Gerenne nach Geld
sieht auf die Leere
die tödlichen Gewehre
auf die ohne Weg
ohne Leiter und Steg
gibt Wohnung und Hafen
pfeift auf die Strafen
bleibt bei den Schafen
nimmt keinem das Licht
verrät mich nicht

Leben stirbt

Leere sirrt
Schwarz gewinnt
verlorenes Kind
Himmel flieht
Ebbe zieht
die Füsse weg
Seelendreck
Hoffnung flackert
Lachen gackert
wie von Sinnen
kein Entrinnen
zerfallene Zinnen

Leben singt
von neuen Zeiten
von Traurigkeiten
vom Neuanfang
wie es begann

von Menschlichkeit
von Herzeleid
und Geborgenheit
von sanfter Kraft
die Frieden schafft
vom Hoffnungsstrahl
vom Jammertal
das Kummer stahl

Leben hofft
auf Abgründe
die Brücken bauen
auf vergangene Zeiten
die vorwärtsschauen
auf Täler
die den Himmel suchen
auf Teufel
die der Hölle fluchen

auf das Ende

das den Anfang achtet

auf den Angriff

der nach Rückzug trachtet

Leben sammelt

das Verirrte

das Verscheuchte

und Verwirrte

das Begrenzte

das Bekränzte

und Geknickte

das Erstickte

das Unscheinbare

und halb Wahre

das Vergessene

das Besessene

und Vermessene

Leben tanzt

über gezogene Gräben

ausgelassen im Regen

in einsamen Tälern

bei frustrierten Wählern

unter wackligen Brücken

für gebeugte Rücken

in trockenen Sümpfen

bei löchrigen Strümpfen

im dunklen Kerker

am kecken Erker

beim flackernden Licht

im letzten Gericht

Leben lebt auf

im nächsten Atemzug

in kühner Herzensglut

in wackligen Knien
wenn Mutige weiterziehen
im scheuen Blick
im verreisten Geschick
im vereisten Herz
im Abschiedsschmerz
im Hoffnungsstern
im Grossstadtlärm
auf vertrauten Gleisen
in Hoffnungsschneisen

Leben fliegt
durch Himmelskronen
wo Engel thronen
durch Zauberwald
kennt keinen Halt
abrupt gestoppt
ins Abseits gelockt

verharrt im Stand
ist wie gebannt
wird wieder leicht
Ziel erreicht
die Zukunft siegt
das Leben fliegt

Leben träumt
hat nichts versäumt
bleibt im Moment
Wer es wohl kennt?
kurz ein Bangen
zwacken von Zangen
doch von neuem
ein grosses Freuen
wie von Sinnen
glaubt das Gelingen
lässt sich nicht jagen

kann es ertragen

in allen Lagen

Leben kämpft

für die ohne Netze

für weniger Hetze

stemmt die Last

schenkt Ruh' und Rast

stellt sich dem Mangel

entflechtet Gerangel

lässt Eis auftauen

will Chancen aufbauen

entfesselt die Seele

dass nichts mehr quäle

lässt Mut aufkeimen

für alles Bangen und Weinen

Teil 14:

grummel

danke

nein

banges

Laune-

Getummel

wetzt

das

Messer

Freude

steckt

im

Tunnel

Narbe

steckt

fest

in den

Jahren

lässt

verflossene

Zeiten

erfahren

bricht

neu auf

wenn ich

darbe

Biss

ins

Glück

kein

Vor

kein

Zurück

Spuren

gezuckert

aus Honig

ganz ohne

Ratschlag

und Riss

Bilder

marschieren

kennen

keine

Mauer

keine

Meile

zu weit

Ursprünge

kommen

Jetzt

geht

rückwärts

Wimmern

Flimmern

in Tonnen

von

Zeit

schwappt

über

versiegt

ungebraucht

ungesehen

ungenutzt

auf ewig

vergangen

Schwert

stumpf

vor

Glück

wiegt

sich in

Wärme

bleibt

einsam

barmherzig

sanftmütig

gütig

wie Erde

immer

wieder

verwirrt

verirrt

Wölfe

heulen

Schaf

geleitet

vom

Hirt

dennoch

beglückter

Schlaf

Stern

strahlt

hell

ohne

Himmel

Leuchtkraft

verblasst

dunkel

malt

fern
Funkeln
und
Flimmern

flügelloser
Engel
aus
Glanz
kommt
die Stufen
herab
in Nebel
und Not
verbindet
Himmel
und
Haus

geschwärmt

für

Welt

und

Held

sich

erwärmt

gelärmt

sanft

für

Dorn

und

Distel

Teil 15:

klammer, klammer dich

an den Hoffnungsstern

am Boden verwurzelt

von Sümpfen fern

grab dich hinab

bis zur Quelle

lab dich

an jener Stelle

wo der Anfang

das Ende küsst

der Himmel die Erde

auf dass es Licht

hier unten werde

jammere, jammere nicht

in die düstere Leere

Anker gelichtet

Oase gesichtet
von Wüsten fern
seil dich ab
bis zur Stille
kuschel dich
an Gras und Grille
wo das Morgen enteilt
und im Urlaub verweilt
wo die Sonne erblindet
und der Mond dich findet

suche, suche nicht
wo der Bahnhof steht
wo die Gleise enden
auf dem Weg zurück
atme tief
Stück für Stück
zeitenthoben

glückverwoben
richte dich auf
durch den Himmel gepflügt
Leben geübt
was es auch sei
was zählt sind wir Zwei

träume, träume nicht
von enteilenden Engeln
wo der Berg zerschellt
Blick verstellt
schlafe sanft
unverkrampft
nimm die Krone
bei der Heiterkeit wohne
streichle das Schaf
der Stachel stumpf
Licht ist Trumpf

Wunder wurzeln
Dämonen purzeln

winke, winke nicht
ohne Gruss
unter dem Berg
weinender Fuss
heile mein Herz
Winter im März
scharr' mich frei
entfessle den Mai
pferdestark
eselschlau
verscheuch das Grau
Farben hüpfen
Kräfte schlüpfen

lache, lache nicht

wo das Dunkel haust
wo's der Hoffnung graust
wo das Lachen darbt
bring dich in Fahrt
notnagelzart
harfensanft
unverkrampft
sprenge den Mief
aus Klüften so tief
begrüne das Eis
wende im Kreis
Zukunftsgleis

haste, haste nicht
im täglichen Takt
Alltagsextrakt
die Zeiger drehen
Leben vergehen
füll meinen Becher

freudscher Versprecher
lass mich sein Mensch
teppichgedämpft
abgekämpft
beulengeprüft
mutverfrüht
Knospe aufgeblüht

schwinge, schwinge dich
in den Gedankensalat
Realitätsverrat
Seelenkruste
ein Hoch auf Verluste
drehe den Knauf
Anfangslauf
herzerrötet
frei gelötet
lautlos geflötet
ins Leben gesägt

darmbewegt

muterregt

warne, warne nicht

vor Sternenrudeln

vor Ulknudeln

kosmosgehalten

die Ewigkeit gespalten

streichle den Mond

planetvertont

kometenweit

kein Raum für Leid

schwer wird leicht

Angst erbleicht

erdbefreit

erquickte Zeit

lenke, lenke nicht

rasanter Lagebericht

Himmelübergewicht
sockengewetzt
zum Stillstand gehetzt
Wegweisersalat
Entscheidungsspagat
am roten Teppich parat
erklettre die Wand
im entgifteten Land
wonneproppenzart
Vorsicht verscharrt
auf Indianerart

rieche, rieche nicht
an der bleichen Brücke
bei der nutzlosen Krücke
gipsverbandhohl
banges Idol
rehverzagt
Seele angenagt

flügellahm
im Grössenwahn
meidet das Feuer
ächzt im Gemäuer
Kampf um das Steuer
kopfloses Abenteuer

Teil 16:

Glockenklang

Freiheitsdrang

Enzianblues

Apfelmuss

Wipfelgruss

Wort in Not

Lebensbrot

roter Faden

glückbeladen

waldbewandert

gedankenmeandert

nestgewärmt

still gelärmt

Faust im Sack

Gefühle huckepack

Empfindungsversteck

geteertes Leck

Zeit im Gefühl

Gedankenasyl

betoniertes Schwenken

analytisches Denken

schwarzweiss geschmust

emotionenverrusst

Freimut geköpft

Zunge zugeknöpft

ermattet erschöpft

Schlangen am Weg

nagen am Steg

locken mit Beute

gestern und heute

lieben den Rummel

bevölkern den Tunnel

Schlangen am Weg

beredtes Werben

entmachtetes Sterben

im wohligen Wahn
krähender Hahn
gehobelte Späne
vorgestanzte Pläne

komme, komme mit
zum Seelenabschnitt
Wissensdrang
im Harfenklang
schnabelgierig
langwierig
Zeitgebirge
besonnene Stiere
Quellenfund
im Untergrund
heil mich ganz
Hoffnungsglanz
Fiebertanz

führe, führe mich
durch die Einöde
karg und spröde
Stille heult
Atem verbeult
schippe mich leicht
steinerweicht
hasenfusserstarkt
Glücksinfarkt
aufgestöbert
mutgeködert
Fragenstopp
Lebensgalopp

fange, fange mich
fledermausverscheucht
kummerentseucht
auf Adlerschwingen
mich heimzubringen

erdenthoben
sternverwoben
halt mich fest
Himmelsnest
gerad'gebogen
wink' von oben
Dankesfülle
gebrochene Hülle

knicke, knicke nicht
im Wasserglassturm
auf dem Elfenbeinturm
sonnendurchflutet
wie Kinder getutet
Segensboot
im Morgenrot
in jedem Baum
der Schöpfersaum
marmorsternmild

Schirm und Schild
zugeschüttete Grube
Jubel im Fluge

flamme, flamme auf
im Lebenslauf
feuergewärmt
fürs Diesseits geschwärmt
langmuterprobt
Schrecken bedroht
glühe ins Eis
Schloss aufgeschweisst
Anker gelichtet
die Hast abgerichtet
Kanten abgeschliffen
in den Frieden gegriffen
auf das Gestern gepfiffen

umarme, umarme mich

im gespenstischen Moor
am geschlossenen Tor
lächle mich satt
geborgenheitsmatt
Seil zu glatt
mutverstaucht
abgetaucht
an mich selbst verkauft
Verzagtheit gestreift
List eingeseift
auf Vertrauen geeicht
Boden aufgeweicht

trage, trage mich
durch Täler tief
wo der Schöpfer schlief
und die Hyäne rief
Fesseln gelöst
innen entblösst

stütz meinen Stamm
modrig und klamm
jauchze mich jung
Verhärtung bieg' krumm
singvogelleicht
schönheitserbleicht
weingereift

schau mich, schau mich an
wenn die Sonne verblüht
wenn die Hoffnung verglüht
wenn der Geier siegt
wenn der Mut brachliegt
studier' mich genau
im glitzernden Tau
wo die Kraft entflieht
wo das Vertrauen umzieht
wo Eisen schmelzen
bei Burgen auf Stelzen

sei meine Leiter

zum Himmel und weiter

gräm dich, gräm dich nicht

Tellerrandblick

Schönwetterknick

oasenerquickt

Eden erblickt

Bitterkeit geschmeckt

an der Enttäuschung geleckt

betrete die Brücke

die Sorgen beglücke

mit deinem Flügel

überwindet den Hügel

schrankenbefreit

für den Zauber bereit